Les 11 familles royales britanniques

La biographie de la famille de la Maison Windsor : La Reine Elizabeth II et le Prince Philip, Harry et Meghan et bien d'autres (livre de biogaphies pour les jeunes, les adolescents et les adultes)

Par Student Press Books

Table des matières

Introduction

À la rencontre des 11 familles royales britanniques — biographies pour les 12 ans et plus.

Bienvenue dans la série des Dirigeants du monde. Ce livre vous présente les personnalités royales britanniques de la maison Windsor. Avec 11 membres de la famille royale britannique, ce livre présente les biographies inspirantes des plus importantes personnalités du Royaume-Uni.

Ce livre sur les 11 membres de la famille royale britannique est une lecture interactive et éducative pour des lecteurs de tous âges. De George V à la reine elle-même, en passant par ses petits-enfants et bien d'autres encore, ce livre retrace des siècles d'histoire de la Maison Windsor, de la princesse Diana à Meghan Markle. Avec des portraits retraçant plus de 120 ans d'histoire, ce livre comblera tous les fans de la royauté !

Ces 11 membres de la famille royale britannique sont bien plus qu'une lignée ancestrale. Ils sont des leaders mondiaux. Ce livre raconte leur vie et leurs réussites, avec des faits et des photos pour mieux vous souvenir de chacun d'entre eux.

Ce livre de la série Dirigeants du monde recouvre :

- Des biographies fascinantes — Découvrez les 11 membres les plus importants de la maison Windsor : George V, Edward VIII, George VI, Elizabeth II, Philip, Charles, Diana, William, Catherine, Harry et Meghan.
- Des portraits vivants — Donnez ou redonnez vie à ces membres de la famille royale britannique grâce à des illustrations attrayantes.

À propos de la série : La série Dirigeants du monde de Student Press Books ouvre des perspectives nouvelles sur la famille royale britannique, qui inciteront les jeunes lecteurs à réfléchir sur leur place dans la société, mais aussi à découvrir l'histoire.

Les 11 familles royales britanniques va plus loin que les autres livres de biographies royales et met en lumière des informations que les autres laissent de côté. Qui sera votre prince anglais préféré ?

Votre cadeau

Vous avez un livre dans les mains.

Ce n'est pas n'importe quel livre, c'est un livre de Student Press Books ! Nous écrivons sur les héros noirs, les femmes qui prennent le pouvoir, la mythologie, la philosophie, l'histoire et d'autres sujets intéressants !

Puisque vous avez acheté un livre, nous voulons que vous en ayez un autre gratuitement.

Tout ce dont vous avez besoin, c'est d'une adresse électronique et de la possibilité de vous abonner à notre newsletter (ce qui signifie que vous pouvez vous désabonner à tout moment).

Alors, qu'attendez-vous ? Inscrivez-vous dès aujourd'hui et recevez votre livre gratuit instantanément ! Tout ce que vous avez à faire est de visiter le lien ci-dessous et d'entrer votre adresse e-mail. Vous recevrez immédiatement le lien pour télécharger la version PDF du livre afin de pouvoir le lire hors ligne à tout moment.

Et ne vous inquiétez pas, il n'y a pas d'attrape ou de frais cachés, juste un bon vieux cadeau de notre part ici à Student Press Books.

Visitez ce lien dès maintenant et inscrivez-vous pour recevoir votre exemplaire gratuit de l'un de nos livres !

Lien : https://campsite.bio/studentpressbooks

George V (1865-1936)

Ancien roi du Royaume-Uni

Le roi de Grande-Bretagne pendant la Première Guerre mondiale était George V. Son règne a duré de 1910 à 1936. Dans l'atmosphère anti-allemande des années de guerre, il a coupé le lien de la famille royale britannique avec tout ce qui était allemand et a renommé sa lignée, anciennement Saxe-Cobourg-Gotha, en maison de Windsor.

George Frederick Ernest Albert est né à Londres, en Angleterre, le 3 juin 1865. George V est le petit-fils de la reine Victoria et le deuxième fils du prince Albert Edward, futur roi Edward VII. Dès l'âge de 12 ans, il a été formé pour une carrière dans la marine. Il avait atteint le rang de commandant dans la Royal Navy lorsque la mort de son frère aîné le fit héritier du trône à l'âge de 26 ans.

George V commence alors une formation plus spécialisée pour le préparer au rôle de monarque. Créé duc d'York en 1892, il épouse la princesse Mary de Teck, qui avait été la fiancée du frère de George V, en 1893.

Lorsque son père devient roi en 1901, George est fait duc de Cornouailles et prince de Galles. Il monte sur le trône à la mort de son père en 1910.

En tant que roi, George maintient les politiques sages de régime constitutionnel suivies par son père. Au début de son règne, George est confronté à une lutte constitutionnelle dans laquelle le gouvernement libéral tente de faire adopter un projet de loi limitant le pouvoir de la Chambre des Lords, la chambre haute du Parlement. Les libéraux obtiennent du roi la promesse de créer suffisamment de nouveaux pairs pour surmonter l'opposition conservatrice au projet de loi à la Chambre des Lords.

Après la victoire des libéraux aux élections de 1910, la Chambre des Lords cède et adopte le Parliament Act (1911) sans que le roi ait à tenir sa promesse. Le respect pour le roi George augmente considérablement pendant la Première Guerre mondiale, et il se rend plusieurs fois sur le front en France.

Le règne de George a vu des changements dans les relations entre la monarchie et certaines parties de l'Empire britannique. En Irlande, le soulèvement de Pâques de 1916 déclenche une rébellion qui aboutit à la création de l'État libre d'Irlande en 1922. En 1931, le Parlement adopte le Statut de Westminster, qui reconnaît le droit de l'État libre d'Irlande et des autres dominions du Commonwealth britannique à contrôler leurs propres affaires intérieures et étrangères. La couronne britannique est devenue le lien entre la mère patrie et les dominions autonomes.

La célébration du jubilé d'argent de Georges en 1935 donne au public l'occasion d'exprimer son affection et son admiration pour lui. Le roi meurt le 20 janvier 1936. Son fils Édouard, prince de Galles, lui succède et devient Édouard VIII. George V a eu cinq autres enfants : Albert, duc d'York, qui succède à Édouard sous le nom de George VI ; Henry, duc de Gloucester ; George, duc de Kent ; le prince Jean, qui meurt en bas âge ; et Mary, la princesse royale, comtesse de Harewood.

Points forts

- Créé duc d'York (mai 1892), George V épouse (juillet 1893) la princesse Mary de Teck, qui avait été la fiancée de son frère.

- Créé duc de Cornouailles et prince de Galles après l'accession de son père (1901), George V succède à son père le 6 mai 1910 et est couronné le 22 juin 1911.
- Après le succès des libéraux aux élections de décembre 1910, la Chambre des Lords a cédé et a adopté le Parliament Act (1911), et le roi n'a pas eu à tenir sa promesse.
- Le respect pour le roi George augmente considérablement pendant la Première Guerre mondiale, et il se rend plusieurs fois sur le front en France.

Questions de recherche

---

1. Que voulez-vous savoir sur la monarchie britannique ?
2. Quel est votre aristocrate préféré dans l'histoire et pourquoi ?
3. Quel membre de la famille royale voudriez-vous avoir comme meilleur ami ?

Édouard VIII (1894-1972)

Ancien roi du Royaume-Uni

Édouard VIII a régné en tant que roi du Royaume-Uni pendant moins d'un an. Il a abdiqué, ou renoncé au trône, en décembre 1936 afin d'épouser Wallis Warfield Simpson, des États-Unis. Il est le seul souverain britannique à avoir renoncé volontairement à la couronne.

Edward est né le 23 juin 1894 à Richmond, dans le Surrey, en Angleterre. Fils aîné de George, duc d'York, il devient l'héritier du trône en 1910 lorsque son père devient le roi George V. En 1911, il est fait prince de Galles. Pendant la Première Guerre mondiale, il a servi comme officier d'état-major.

Après la guerre et jusqu'au début des années 1920, le prince Édouard effectue de nombreuses tournées de bienveillance dans l'Empire britannique. Dans les années 1930, il s'intéresse de plus en plus aux affaires nationales et devient très populaire auprès du peuple britannique.

Edward a près de 42 ans lorsqu'il devient roi à la mort de George V, le 20 janvier 1936. Vers la fin de cette année-là, il exprima le désir d'épouser Wallis Warfield Simpson, qu'il avait rencontrée en 1930. Simpson, une Américaine, avait déjà été mariée deux fois, et son second divorce n'était pas encore prononcé.

Les gouvernements britannique et du Commonwealth s'opposent fermement à ce mariage qu'ils jugent non conforme à la dignité de la couronne britannique. Edward, cependant, a pris sa décision et, le 10 décembre 1936, il abdique. Son frère cadet monte sur le trône sous le nom de George VI. Le premier acte du nouveau roi est de nommer son frère duc de Windsor. Le duc épouse Simpson en France le 3 juin 1937, et elle devient la duchesse de Windsor.

De 1937 à 1939 et après 1945, le duc et la duchesse ont élu domicile à Paris, en France. Pendant la Seconde Guerre mondiale, à l'invitation du Premier ministre britannique Winston Churchill, il a été gouverneur des Bahamas, qui étaient alors une colonie britannique. Bien qu'ils fassent partie de l'élite sociale, ce n'est qu'en 1967 qu'ils ont été invités à participer à une cérémonie publique officielle avec les autres membres de la famille royale.

Édouard VIII est mort à Paris le 28 mai 1972. La duchesse y est morte le 24 avril 1986. Ils ont été enterrés côte à côte dans le cimetière royal de Frogmore, dans l'enceinte du château de Windsor, en Angleterre.

Points forts

- Enfant aîné de George, duc d'York (futur roi George V), et de la princesse Mary de Teck (future reine Mary), Édouard VIII devient héritier du trône à l'avènement de son père (6 mai 1910).
- Bien qu'il ait été formé (1907-11) pour la Royal Navy, Édouard VIII a été engagé dans les Grenadier Guards de l'armée après le début de la Première Guerre mondiale (6 août 1914) et a servi comme officier d'état-major.
- Le déclenchement de la Seconde Guerre mondiale n'a pas réussi à combler le fossé entre le duc et sa famille, et après avoir visité Londres, il a accepté un poste d'officier de liaison avec les Français.

- Édouard VIII est le seul souverain britannique à avoir démissionné volontairement de la couronne.

Questions de recherche

---

1. Si vous pouviez poser une question à un membre de la famille royale britannique, quelle serait-elle ?
2. Si vous étiez née dans une famille royale, voudriez-vous être un roi ou une princesse ?
3. Pensez-vous que nous devrions conserver ou abolir la monarchie ?

George VI (1895-1952)

Ancien roi du Royaume-Uni

Lorsque le roi Édouard VIII abandonne le trône britannique en décembre 1936, son frère Albert, duc d'York, le remplace et prend le nom de George VI. C'est sous son règne que le Royaume-Uni a lutté jusqu'à la victoire dans la Seconde Guerre mondiale, que l'Inde et le Pakistan ont gagné leur indépendance et que l'Empire britannique a évolué vers le Commonwealth des Nations.

George a gagné le respect de son peuple en observant consciencieusement les responsabilités d'un monarque constitutionnel et en surmontant le handicap d'un bégaiement sévère.

Albert Frederick Arthur George est né le 14 décembre 1895 à Sandringham, Norfolk, Angleterre. Il est le deuxième fils du futur roi George V. En tant que prince Albert, il sert dans la Royal Navy et le Royal Naval Air Service pendant la Première Guerre mondiale, puis fréquente le Trinity College de Cambridge en 1919-20. Le 3 juin 1920, il est fait duc d'York. En 1923, il épouse Lady Elizabeth Angela Marguerite Bowes-Lyon. Ils ont eu deux enfants, Elizabeth (future reine Elizabeth II) et Margaret (future comtesse de Snowdon).

Bien que sa femme, Elizabeth, s'oppose désespérément à ce qu'il devienne roi en raison de sa mauvaise santé et du fait que George bégaie beaucoup, il est le prochain héritier du trône britannique. Il a été proclamé roi le 11 décembre 1936, après l'abdication d'Édouard VIII, et a été officiellement couronné le 12 mai 1937.

Tout au long de la Seconde Guerre mondiale, le roi et la reine sont restés auprès de leur peuple. Leur présence à Londres pendant les raids aériens et leurs messages diffusés pendant ces années d'anxiété et de tension ont beaucoup contribué à réconforter et à inspirer le peuple britannique. Le roi George a soutenu le leadership en temps de guerre du Premier ministre Winston Churchill et a rendu visite à ses armées sur plusieurs fronts de bataille.

Le roi George a cessé d'être empereur des Indes lorsque l'Inde et le Pakistan sont devenus des pays indépendants distincts en 1947. En 1949, cependant, il a été officiellement reconnu comme chef du Commonwealth des Nations par les gouvernements de ses États membres.

À partir de 1948, la santé de George se détériore. George meurt le 6 février 1952, quelques mois après avoir subi une opération pour un cancer du poumon. Sa fille Elizabeth monte sur le trône en tant que reine Elizabeth II. La veuve de George, Élisabeth, prend le titre de reine mère et continue à conserver toute sa vie l'affection du peuple britannique ; elle meurt en 2002 à l'âge de 101 ans.

Points forts

- Le 3 juin 1920, George VI est créé duc d'York.
- Ils ont eu deux enfants : La princesse Elizabeth (future reine Elizabeth II) et la princesse Margaret (future comtesse de Snowdon).
- Le duc d'York monte sur le trône le 11 décembre 1936, après l'abdication de son frère Édouard VIII ; George VI est officiellement proclamé roi le jour suivant.

- Il prend le nom de George VI et est couronné le 12 mai 1937.

Questions de recherche

---

1. Pourquoi les gens trouvent-ils les membres de la famille royale si fascinants ?
2. Que faudrait-il pour révoquer la citoyenneté de la famille royale ?
3. La monarchie devient-elle plus ou moins populaire que jamais, qu'en pensez-vous ?

Elizabeth II (née en 1926)

La Reine du Royaume-Uni

Élisabeth II est devenue reine du Royaume-Uni de Grande-Bretagne et d'Irlande du Nord en 1952. À l'instar d'Élisabeth Ier de l'âge d'or de l'Angleterre, Élisabeth II accède au trône alors qu'elle n'a que 25 ans. Elle est ensuite devenue le monarque britannique qui a régné le plus longtemps.

Le père d'Elizabeth était Albert, duc d'York, deuxième fils du roi George V. Sa mère était Lady Elizabeth Bowes-Lyon, membre de l'aristocratie écossaise. La princesse Elizabeth est née le 21 avril 1926 au domicile londonien des parents de sa mère, Lord et Lady Strathmore. Cinq semaines plus tard, elle est baptisée au palais de Buckingham et prend le nom d'Elizabeth Alexandra Mary, en l'honneur de trois reines de son pays.

Elizabeth II avait 4 ans lorsque sa sœur, Margaret Rose, est née (21 août 1930). Malgré leur différence d'âge, les princesses deviennent de proches compagnes. Margaret Rose était vive et espiègle ; Elizabeth, plutôt sérieuse et réfléchie.

La résidence londonienne de la famille était une grande maison victorienne au 145 Piccadilly. Les vacances d'été étaient généralement passées en Écosse et les week-ends dans la maison de campagne du duc, Royal Lodge, dans le grand parc de Windsor, à 40 kilomètres à l'ouest de Londres. Les enfants y disposaient d'une maison de jeu, cadeau du peuple gallois. Elle s'appelait "Y Bwthyn Bach", ou la petite maison de chaume. Elle était équipée de petits meubles, de linge de maison, de lampes électriques, d'une plomberie et de fenêtres qui s'ouvraient et se fermaient. Comme seuls les enfants pouvaient s'y tenir debout, les princesses la nettoyaient elles-mêmes et la gardaient en ordre.

Les princesses n'allaient pas à l'école mais recevaient l'enseignement d'une gouvernante, Mlle Marion Crawford, une jeune Écossaise. Leur routine quotidienne variait peu d'un jour à l'autre. Elizabeth, à l'âge de 5 ans, se levait à 6 heures du matin et partait pour une leçon d'équitation avec un palefrenier.

Après le petit-déjeuner, elle et sa sœur sont allées dans la chambre de leurs parents. Elles ont passé le reste de la matinée avec leur gouvernante. Après le déjeuner, elles avaient des leçons de français, de chant et de piano. L'après-midi, elles jouaient dans le jardin, généralement avec leur gouvernante. Elles sont tellement absorbées par leurs parties de cache-cache ou de "sardines" qu'elles ne remarquent pas les gens qui se rassemblent devant la clôture du jardin pour les observer.

Ils avaient rarement la compagnie d'autres enfants, mais ils avaient de nombreux animaux domestiques, notamment des chevaux et des chiens. De temps en temps, leur gouvernante leur faisait une surprise en les emmenant faire un tour dans le métro ou sur le toit d'un bus. Ils s'habillaient simplement, en robes de coton à la maison et en manteaux de tweed et bérets lorsqu'ils sortaient. Ils se couchaient tôt, après une visite chez leurs parents.

L'insouciance d'Elizabeth prend fin en 1936. George V, son grand-père, meurt au début de cette année-là et, avant la fin de l'année, son oncle

David (Édouard VIII) abdique. Le père d'Elizabeth devient alors roi, sous le nom de George VI, et Elizabeth devient l'héritière présomptive du trône.

La famille s'installe à Buckingham Palace, la résidence royale, qui ressemble plus à un musée qu'à une maison. Depuis les chambres des princesses, à l'avant, il fallait cinq minutes de marche pour rejoindre le jardin à l'arrière.

C'est à partir de cette époque qu'Elizabeth commence à être formée à ses futures fonctions. De ses parents et de sa grand-mère, la reine Mary, elle apprend l'étiquette de la cour et les pratiques diplomatiques. Elle étudie la géographie et l'histoire des pays du Commonwealth et des États-Unis et est conduite au collège d'Eton pour des leçons particulières de droit constitutionnel.

Elizabeth a 13 ans lorsque la Seconde Guerre mondiale éclate en 1939. L'année suivante, les bombes commencent à tomber sur Londres, et les princesses sont envoyées en sécurité dans la sinistre forteresse du château de Windsor. Le 13 octobre 1940, Elizabeth retourne à Londres pour faire sa première émission, depuis une pièce du palais de Buckingham.

D'une voix claire et assurée, elle dit aux enfants du monde entier que les enfants britanniques sont "pleins de gaieté et de courage". Avant la fin de la guerre, elle rejoint la branche féminine de l'armée et suit une formation de conductrice et de mécanicienne automobile.

Elizabeth a eu le privilège, souvent refusé à la royauté, d'épouser un homme qu'elle aimait. Pendant la guerre, elle a rencontré le prince Philip, un officier de la Royal Navy. Philip est né le 10 juin 1921 sur l'île grecque de Corfou. En tant que fils du prince André de Grèce, il était en lice pour le trône de Grèce, mais il n'avait pas de sang grec. Par sa mère, la princesse Alice, il descendait, comme Elizabeth, de la reine Victoria d'Angleterre. Il avait été éduqué en Écosse sous la tutelle de son oncle et tuteur, le comte Mountbatten.

Dès la fin de la guerre, Philip devient un visiteur fréquent du palais. Avant que le roi n'annonce les fiançailles du jeune couple, Philip abandonne son titre de prince pour devenir citoyen britannique et prend le nom de famille de sa mère, Mountbatten. Le roi le crée alors duc d'Édimbourg. Le

20 novembre 1947, le couple se marie à l'abbaye de Westminster. Un fils, le prince Charles Philip Arthur George, est né le 14 novembre 1948, et une fille, la princesse Anne Elizabeth Alice Louise, le 15 août 1950.

Le 19 février 1960, la reine a eu un troisième enfant, le prince Andrew Albert Christian Edward. Son quatrième enfant, le prince Edward Antony Richard Louis, est né le 10 mars 1964. Tous ces enfants portaient le nom de famille "de Windsor", mais en 1960, la reine a annoncé qu'un nouveau nom de famille, Mountbatten-Windsor, serait porté par la troisième génération de sa famille.

Avant même de devenir reine, Elizabeth a servi le gouvernement en tant qu'ambassadrice compétente. En 1948, elle visite Paris et est acclamée par le peuple français. En 1951, elle et son mari ont fait une tournée de six semaines dans toutes les provinces du Canada, puis se sont rendus à Washington, D.C., pour une brève visite au président américain Harry S. Truman et à son épouse.

Le couple royal se trouve au Kenya, première étape d'une tournée de cinq mois en Australie et en Nouvelle-Zélande, lorsque George VI meurt le 6 février 1952. Elizabeth devient automatiquement reine. Elle et son mari s'envolent immédiatement pour Londres. Le 8 février, la reine prête le serment d'adhésion devant le Conseil privé.

Elizabeth II a été couronnée à l'abbaye de Westminster le 2 juin 1953. En 1957, Elizabeth a conféré à son mari le titre de prince du Royaume-Uni. En 1958, elle a nommé le prince Charles, son fils aîné et héritier présomptif du trône, prince de Galles. Il a été investi comme prince de Galles en 1969.

Élisabeth privilégie la simplicité dans la vie de la cour et s'intéresse en connaissance de cause aux affaires du gouvernement. Elle a beaucoup voyagé, dans tout le Royaume-Uni et dans de nombreux pays du Commonwealth. Son règne a été marqué par un examen public sans précédent de la monarchie, notamment après le mariage raté de son fils Charles et de Diana, princesse du Pays de Galles, et la mort de Diana en 1997.

Le sentiment populaire en Grande-Bretagne se retourne contre la famille royale, jugée déconnectée de la vie britannique contemporaine. En réaction, Élisabeth a cherché à présenter une image moins étouffante et moins traditionnelle de la monarchie, ce qu'elle a fait avec un certain succès. En 2002, elle a célébré son jubilé d'or, marquant ses 50 ans sur le trône.

Dix ans plus tard, la reine a célébré son jubilé de diamant, marquant ses 60 ans sur le trône. L'anniversaire officiel a eu lieu en février 2012, mais les principales festivités ont eu lieu début juin. Les événements comprenaient un défilé de bateaux sur la Tamise et un concert au palais de Buckingham. Dans les villes du Royaume-Uni et du Commonwealth, les gens ont allumé une série de plus de 4 000 balises pour commémorer l'occasion. La reine a également assisté à un service religieux à la cathédrale Saint-Paul. Enfin, un cortège l'a ramenée au palais de Buckingham, où elle a salué le peuple de Londres depuis le balcon.

La célébration du jubilé de diamant de la reine s'est étendue au-delà des événements officiels du reste de l'année. Les membres de la famille royale, notamment le prince William, Catherine, duchesse de Cambridge, et le prince Harry, ont effectué des visites dans de nombreux pays du Commonwealth. En 2015, Elizabeth a dépassé la reine Victoria pour devenir le monarque ayant régné le plus longtemps dans l'histoire britannique.

Points forts

- Son couronnement a lieu à l'abbaye de Westminster le 2 juin 1953.
- À partir de novembre 1953, la reine et le duc d'Édimbourg ont effectué un tour du monde de six mois dans le Commonwealth, qui comprenait la première visite d'un monarque britannique régnant en Australie et en Nouvelle-Zélande.
- La reine semble de plus en plus consciente du rôle moderne de la monarchie, autorisant, par exemple, la télédiffusion de la vie domestique de la famille royale en 1970 et tolérant la dissolution officielle du mariage de sa sœur en 1978.

Questions de recherche

1. Quelle est la chose la plus drôle que la reine Elizabeth II ait jamais faite ?
2. Quelle est votre citation préférée de la reine Elizabeth II ?
3. Outre l'Angleterre et les royaumes du Commonwealth, quels sont les autres pays de la reine Elizabeth II ?

Philip (1921-2021)

Époux de la Reine Elizabeth II | Duc d'Édimbourg

L'époux de la reine Elizabeth II du Royaume-Uni est le prince Philip, duc d'Édimbourg. Son titre complet est Prince Philip, duc d'Édimbourg, comte de Merioneth et baron de Greenwich.

Philip est né le 10 juin 1921 à Corfou, en Grèce. Son père est le prince Andrew de Grèce et du Danemark, fils cadet du roi George Ier de Grèce. Sa mère était la princesse Alice, une arrière-petite-fille de la reine Victoria.

Élevé principalement en Grande-Bretagne, Philip a fait ses études à la Gordonstoun School en Écosse et au Royal Naval College. De janvier 1940 à la fin de la Seconde Guerre mondiale, il a servi dans la Royal Navy au combat en Méditerranée et dans le Pacifique.

En 1947, Philip devient sujet britannique, abandonnant son droit aux trônes grec et danois et prenant le nom de famille de sa mère, Mountbatten. La même année, il épouse sa cousine éloignée, la princesse

Elizabeth. La veille de son mariage, le roi le fait duc d'Édimbourg. Philip continue à servir activement dans la Royal Navy jusqu'à ce qu'Elizabeth monte sur le trône en 1952. À partir de ce moment-là, il a partagé sa vie officielle et publique. Philip et Elizabeth ont eu quatre enfants, dont Charles, prince de Galles.

En 1957, Elizabeth a conféré à Philip le titre de prince du Royaume-Uni. En 1960, son nom de famille a été légalement combiné avec le nom de sa famille - comme Mountbatten-Windsor - comme nom de famille pour les branches inférieures de la famille royale.

Les opinions franchement droitières de Philippe gênaient parfois la monarchie qui essayait de mettre de côté son image traditionnelle de bourgeois. Alors qu'il passait la majeure partie de son temps à remplir les devoirs de sa fonction, Philippe s'engageait dans diverses œuvres de charité.

Philip a été président du World Wildlife Fund (WWF) de 1981 à 1996. Son programme International Award a permis à plus de six millions de jeunes adultes de s'engager dans des activités de service communautaire, de développement du leadership et de conditionnement physique.

En 2011, à l'occasion de son 90e anniversaire, Elizabeth a conféré à Philip le titre et la fonction de lord haut amiral, le chef cérémonial de la Royal Navy. Philip était l'une des personnes les plus occupées de la famille royale, faisant plus de 22 000 apparitions en solo au fil des ans. Il s'est retiré de la vie publique en août 2017. Philip est décédé le 9 avril 2021, au château de Windsor, en Angleterre.

Points forts

- Élevé principalement en Grande-Bretagne, Philip a fait ses études à la Gordonstoun School, près d'Elgin, Moray, Écosse, et au Royal Naval College, Dartmouth, Devon, Angleterre.
- De janvier 1940 à la fin de la Seconde Guerre mondiale, il a servi dans la Royal Navy lors de combats en Méditerranée et dans le Pacifique.
- Son mariage avec sa cousine éloignée, la princesse Elizabeth, a lieu à l'abbaye de Westminster le 20 novembre 1947.

- En mai 2017, il a été annoncé que Philip - qui était l'un des membres de la famille royale les plus occupés, avec plus de 22 000 apparitions en solo au fil des ans - cesserait de prendre des engagements publics en août.

Questions de recherche

---

1. Etes-vous plutôt Harry ou Philip ?
2. Quel est votre roi préféré et pourquoi l'aimez-vous tant ?
3. Avez-vous déjà entendu parler de quelqu'un travaillant dans la maison royale ?

Charles (né en 1948)

Enfant aîné de la reine Elizabeth II | Héritier présomptif du trône britannique | Prince de Galles | Comte de Chester

Lorsque Elizabeth II est devenue reine d'Angleterre en 1952, son fils aîné, Charles, est devenu l'héritier du trône. Habituellement connu sous le nom de prince de Galles, Charles est également comte de Chester, duc de Cornouailles, duc de Rothesay, comte de Carrick et baron de Renfrew, entre autres titres.

Célébrité internationale depuis son enfance, Charles était connu en tant que sportif et commentateur ouvert sur la rénovation urbaine, la pauvreté, l'environnement et d'autres questions sociales.

Charles Philip Arthur George, dont le nom de famille est Windsor, est né à Londres, au palais de Buckingham, le 14 novembre 1948. Contrairement aux précédents héritiers du trône, qui ont été éduqués au palais par des précepteurs, le prince Charles a fréquenté des pensionnats.

Charles a fréquenté la Cheam School à Headley et la Gordonstoun School en Écosse, où son père, le prince Philip, duc d'Édimbourg, avait également étudié. Charles a étudié l'archéologie et l'anthropologie au Trinity College de l'université de Cambridge, où il a obtenu une licence en 1971, la première obtenue par un héritier de la couronne britannique. Il prend un congé pour étudier la langue galloise en vue de son investiture (cérémonie d'inauguration) en tant que prince de Galles le 1er juillet 1969.

Après avoir fréquenté le Royal Air Force College et le Royal Naval College, Charles a effectué un service dans la Royal Navy jusqu'en 1976. Il a piloté des avions et servi sur des navires.

Le 29 juillet 1981, Charles a épousé Lady Diana Spencer, la fille d'un comte anglais, lors d'un mariage à la cathédrale Saint-Paul qui a été télévisé dans le monde entier. Le Prince William, leur premier fils et second dans l'ordre de succession au trône, est né le 21 juin 1982. Un deuxième fils, Henry (appelé Harry), est né le 15 septembre 1984. Charles et Diana ont annoncé leur séparation en 1992 et ont divorcé en 1996. Diana est décédée dans un accident de voiture le 31 août 1997. Charles a épousé Camilla Parker Bowles le 9 avril 2005.

Points forts

- Charles a fréquenté le Royal Air Force College (devenant un excellent aviateur) et le Royal Naval College, Dartmouth, et de 1971 à 1976, il a effectué un tour de service dans la Royal Navy.
- Plus tard, Charles est devenu un critique virulent de l'architecture moderne.
- En 1992, Charles a fondé l'Institut d'architecture du Prince de Galles, qui est devenu par la suite le BRE Trust, une organisation impliquée dans des projets de régénération et de développement urbains.
- Le 29 juillet 1981, Charles épouse Lady Diana Frances Spencer, fille du 8e comte Spencer ; le mariage royal est un événement médiatique mondial, diffusé en direct à la télévision et regardé par des centaines de millions de personnes.

Questions de recherche

---

1. Selon vous, qui est le membre le plus important de la famille royale britannique ?

2. Si vous pouviez choisir deux de vos pairs royaux pour passer du temps avec eux et avoir des conversations à l'heure du thé chaque semaine, qui choisiriez-vous ?
3. En quoi le fait d'être associé à la Couronne "change" les choses ?

Diana (1961-1997)

Épouse de Charles | Fille par alliance de la Reine | Princesse de Galles

L'obsession internationale pour Diana, princesse de Galles, est un phénomène de l'ère de la télévision, du journalisme à sensation, des écoutes téléphoniques et des téléobjectifs. Des initiés ont révélé des détails très personnels dans des livres à scandales et des interviews dans des talk-shows.

Les photos instantanées se sont vendues des centaines de milliers de dollars. Pendant les 16 années qui se sont écoulées entre son mariage et sa mort soudaine, des millions de personnes ont suivi l'histoire de cette jeune femme aux capacités ordinaires, confrontée à des circonstances extraordinaires, qui a su surmonter ses problèmes pour devenir l'une des femmes les plus admirées au monde.

Diana Frances Spencer est née le 1er juillet 1961 à Park House, la maison que ses parents louaient sur le domaine de la reine Elizabeth à

Sandringham, dans le Norfolk, en Angleterre. Troisième enfant et troisième fille d'Edward John, vicomte Althorp (qui deviendra plus tard le 8e comte Spencer), et de sa première épouse, Frances Roche, Diana grandit en sachant que ses parents avaient espéré un garçon. Leur quatrième enfant fut finalement un fils, Charles. Les parents de Diana se sont séparés l'été où Diana a atteint l'âge de 6 ans. Le règlement du divorce a donné au vicomte la garde des enfants.

Diana et son frère ont passé les années suivantes à faire la navette entre les maisons de leurs parents et à être confiés à une série de nourrices. Leurs sœurs aînées, Sarah et Jane, étaient déjà parties en pension. Diana s'est occupée de son frère jusqu'à ce qu'elle soit assez âgée pour aller en pension.

En septembre 1970, Diana est entrée à Riddlesworth Hall, un pensionnat préparatoire dans le Norfolk. Elle était faible dans les matières scolaires mais aimait le ballet, la natation et le tennis.

En 1974, elle s'inscrit à la West Heath School, un établissement secondaire privé situé près de Sevenoaks, dans le Kent, où sa mère et ses sœurs l'avaient précédée. Elle lit des romans d'amour et continue à danser, bien que son rêve de devenir une ballerine s'estompe lorsque sa taille passe à 1,8 mètre (5 pieds 10 pouces). Le programme scolaire de West Heath met l'accent sur le service communautaire. Diana aime faire les courses pour une femme âgée du village et faire du bénévolat dans un foyer pour handicapés physiques et mentaux.

Elle devient Lady Diana Spencer en 1975 lorsque son père hérite du comté des Spencer. La famille quitte alors Park House pour s'installer dans l'immense domaine d'Althorp, à 9,7 kilomètres de Northampton. Diana quitte l'école publique en 1977 et termine son éducation formelle à l'âge de 16 ans par quelques mois dans une école de finition en Suisse, où elle devient une skieuse compétente.

Diana a vécu un certain temps avec sa mère à Londres. Pour son 18e anniversaire, ses parents lui offrent un appartement à Londres, qu'elle partage avec des amis. Peu après son emménagement, elle a trouvé un emploi régulier à temps partiel en tant qu'assistante dans un prestigieux jardin d'enfants.

Diana a rencontré pour la première fois Charles Philip Arthur George, prince de Galles et héritier du trône britannique, alors qu'il courtisait sa sœur Sarah. Diana le voit plus souvent après que sa sœur Jane ait épousé Robert Fellowes, qui travaille au palais de Buckingham. Charles avait presque 13 ans de plus que Diana. Il était diplômé de l'université de Cambridge avec mention en histoire et avait servi pendant cinq ans dans la Royal Navy. Calme et sérieux, il aimait se détendre à la campagne, peindre, discuter de livres, pêcher et jouer au polo.

Lorsque Charles commence à faire la cour à Diana au cours de l'été 1980, l'opinion publique la déclare convenable. Elle est anglaise, aristocratique, discrète au point d'être timide, de bonne humeur, en bonne santé et extrêmement photogénique. Sa réputation personnelle est sans tache et elle charme la presse.

Les journalistes ont accueilli favorablement l'annonce, le 24 février 1981, que le prince de Galles allait épouser l'assistante d'un enseignant de maternelle de 19 ans. Le mariage, le 29 juillet 1981, dans la cathédrale Saint-Paul de Londres, a été un événement royal spectaculaire et un jour de fête nationale. La cérémonie a été retransmise par la radio et la télévision à un public estimé à un milliard d'auditeurs et de téléspectateurs dans le monde entier.

Le couple s'installe au palais de Kensington à Londres. Des foules immenses assistent à leurs apparitions publiques, ignorant pratiquement le prince dans leur empressement à voir la princesse. Le flair vestimentaire de Diana stimule l'industrie de la mode britannique.

Le chapeau et les gants obligatoires ne pouvaient pas cacher son aisance naturelle avec les gens, en particulier les enfants et les personnes âgées. L'annonce, en novembre, que le couple attendait un enfant a renforcé l'excitation. Le prince William Arthur Philip Louis est né le 21 juin 1982. Le prince Henry Charles Albert David suit le 15 septembre 1984. Diana et Charles découvrent cependant qu'ils ont peu d'autres intérêts en commun.

Le mariage légendaire montre rapidement des signes de tension. Diana était affectueuse et émotive ; son mari était intellectuel et réservé. Elle aime le shopping et les restaurants, il préfère le calme de la campagne écossaise. Diana a peu d'indépendance ; les courtisans fixent son emploi du temps des mois à l'avance.

Diana suit de près les articles de journaux, sa confiance étant renforcée par sa popularité mais ébranlée par toute critique. Derrière un faux-semblant public, sa vie privée est marquée par des troubles alimentaires, des dépressions, des larmes, des colères et des menaces de suicide occasionnelles. Charles commence à l'éviter dès qu'il le peut. Diana tente de s'en sortir en se concentrant sur ses enfants, en passant des heures au téléphone avec ses amis et en expérimentant des massages, l'acupuncture et diverses thérapies New Age.

Vers 1986, Diana a commencé à découvrir un nouveau sens du but à atteindre. Une connaissance lui suggère d'utiliser ses devoirs publics et ses souffrances privées comme un chemin de croissance spirituelle personnelle. Sarah Ferguson, qui a épousé le prince Andrew, le frère du prince Charles, encourage Diana à se détendre et à prendre ses propres décisions. Diana lit de la littérature féministe et prend confiance en elle.

Diana commence à prendre la défense des malades, des indigents, des enfants et des personnes âgées. Son activité de mécène du London City Ballet et de l'English National Ballet lui vaut de se lier d'amitié avec un homme mort du sida (syndrome d'immunodéficience acquise). En dépit de la désapprobation de certains courtisans, elle s'est efforcée de réduire la stigmatisation de la maladie en participant à des collectes de fonds pour le SIDA et en retirant ses gants pour serrer la main des malades du SIDA.

L'engagement de Diana dans une cause ou un événement quelconque attirait un énorme intérêt médiatique. Bien qu'elle se soit souvent plainte d'être traquée par des photographes agressifs appelés paparazzi, elle utilisait la presse pour attirer l'attention du public et les contributions financières aux causes qu'elle épousait. Diana était satisfaite de voir l'attention des médias se détourner de ses vêtements pour se concentrer sur ses activités de fond.

Les tabloïds se délectent des aperçus périodiques de fissures dans la façade conjugale. En 1986, les deux hommes ont des calendriers tellement séparés que la reine leur ordonne d'apparaître ensemble en public pour faire taire les rumeurs. Une biographie sympathique de Diana par Andrew Morton, qui critiquait sévèrement le prince Charles, a été publiée en juin 1992 et publiée en série dans le Sunday Times en juillet.

La séparation de Diana et Charles est annoncée à la Chambre des communes le 9 décembre 1992. Diana s'est investie dans son travail au nom de diverses causes : elle a réconforté des malades du sida, des sans-abri, des femmes battues et des enfants victimes d'abus sexuels ; elle a travaillé à la prévention de la toxicomanie et de la lèpre ; elle a promu la Croix-Rouge et les besoins des pays en développement.

En décembre, Diana annonce son retrait de nombreuses fonctions publiques pour se donner "du temps et de l'espace". Bien que la reine ait cessé de l'envoyer à l'étranger pour représenter la Grande-Bretagne, la princesse a continué à voyager en tant que marraine de certaines organisations caritatives privées.

Leurs différends étant étalés au grand jour, Diana et Charles se disputent la sympathie du public. L'attention des médias atteint son apogée en 1994 et 1995, lorsque le prince Charles et la princesse Diana révèlent qu'ils ont eu des relations extraconjugales. Les deux hommes finissent par divorcer le 28 août 1996. Diana a conservé le titre de princesse de Galles mais a dû renoncer à celui de Son Altesse Royale.

Dans les mois qui ont suivi son divorce, Diana a mené une croisade contre la fabrication et l'utilisation des mines terrestres antipersonnel, qui avaient mutilé d'innombrables civils dans les régions du monde déchirées par la guerre. Le dévouement sincère de Diana aux besoins humains, combiné à sa présence charismatique, a fait de la princesse de Galles la figure royale la plus populaire de Grande-Bretagne.

Au cours de l'été 1997, les tabloïds londoniens se délectent de la romance de Diana avec Emad Mohamed (Dodi) al-Fayed, un multimillionnaire d'origine égyptienne dont le père possède le grand magasin Harrods à Londres. Les photographies du couple se sont vendues pour des sommes énormes.

Dans la nuit du samedi 30 août, à Paris, en France, un groupe de paparazzi a poursuivi une voiture transportant Diana et Fayed. Leur conducteur a apparemment dépassé la limite de vitesse pour échapper aux photographes. La voiture a heurté le mur d'un tunnel souterrain et un pilier de soutien.

Le conducteur et Fayed sont morts sur le coup. Un garde du corps gallois a été gravement blessé mais a survécu. La princesse Diana a été transportée d'urgence dans un hôpital voisin et sa mort a été prononcée aux premières heures du 31 août 1997. La Grande-Bretagne est plongée dans un deuil national. Les funérailles de Diana à l'abbaye de Westminster, le samedi 6 septembre, sont télévisées dans le monde entier.

Bien que les photographes aient été initialement accusés d'avoir provoqué l'accident qui a tué Diana, un juge français les a innocentés en 1999, rejetant la faute sur le conducteur. Il a été constaté que le conducteur avait un taux d'alcoolémie supérieur à la limite légale au moment de l'accident et qu'il avait pris des médicaments sur ordonnance incompatibles avec l'alcool.

En 2006, une enquête de Scotland Yard sur l'incident a également conclu que le conducteur était en faute. En avril 2008, cependant, un jury d'enquête britannique a déclaré le conducteur et les paparazzi coupables d'homicide involontaire par négligence grave. Il n'a cependant trouvé aucune preuve d'un complot visant à tuer Diana ou Fayed, une accusation portée depuis longtemps par le père de ce dernier.

Points forts

- Pour que William et Harry aient "une compréhension des émotions des gens, de leurs insécurités, de leur détresse, de leurs espoirs et de leurs rêves", Diana a emmené ses fils avec elle dans des hôpitaux, des refuges pour sans-abri et des orphelinats.
- Pour les familiariser avec le monde en dehors des privilèges royaux, Diana les emmène dans des fast-foods et dans les transports publics.
- La compassion de Diana, sa chaleur personnelle, son humilité et son accessibilité lui ont valu le surnom de "princesse du peuple".
- Longtemps l'une des femmes les plus photographiées au monde, la popularité sans précédent de Diana, tant en Grande-Bretagne qu'à l'étranger, a continué après son divorce.

Questions de recherche

1. Si Lady Diana était encore en vie et devenait reine, que ferait-elle différemment de Charles, selon vous ?
2. Que pensez-vous de l'ancien et du nouveau scénario de la famille royale ?
3. Maintenant qu'il y a tant de membres féminins, qui détenait ou détient le plus de pouvoir dans la famille et comment ?

William (né en 1982)

Le fils aîné de Charles | Duc de Cambridge | Comte de Strathearn | Baron de Carrickfergus

Fils aîné de Charles, prince de Galles, et de Diana, princesse de Galles, le prince William est le second en ligne (après Charles) pour le trône britannique. Figurant parmi les personnalités les plus populaires de la famille royale, il a été admiré pour son sang-froid et sa grâce après la mort de sa mère dans un accident de voiture à Paris, en France, en 1997.

William Arthur Philip Louis Windsor est né le 21 juin 1982 à Paddington, Londres, Angleterre. Il fréquente la Ludgrove School dans le Berkshire de 1990 à 1995, puis l'Eton College de Windsor de 1995 à 2000. Après une année passée à voyager, il s'inscrit à l'université de St Andrews en Écosse, où il étudie l'art et, plus tard, la géographie. Pendant cette période, il a fait du bénévolat au Chili, travaillé dans une ferme laitière britannique et visité le Belize et des pays d'Afrique. En 2005, il a obtenu son diplôme de St. Andrews.

En 2006, William est entré à la Royal Military Academy Sandhurst. En 2008, il est affecté à la Royal Air Force, puis à la Royal Navy, afin d'acquérir une expérience dans les trois grandes branches des services armés.

Les responsables militaires ont préféré qu'il ne serve pas dans une zone de combat, faisant remarquer qu'il pourrait devenir une cible d'attaque, mettant ainsi ses compagnons d'armes en danger. Il a ensuite rejoint l'équipe de recherche et de sauvetage de la Royal Air Force, qui opère en dehors des combats, et a effectué sa première mission en tant que pilote d'hélicoptère en octobre 2010.

En novembre 2010, il a été annoncé que William allait épouser sa petite amie de longue date, Catherine ("Kate") Middleton, qu'il avait rencontrée à l'université de St Andrews. Le mariage royal a eu lieu le 29 avril 2011, à l'abbaye de Westminster à Londres.

William devient le prince William, duc de Cambridge, comte de Strathearn et baron de Carrickfergus. Le premier enfant de William et Catherine, un fils, le prince George Alexander Louis de Cambridge, est né le 22 juillet 2013. Leur fille, la princesse Charlotte Elizabeth Diana de Cambridge, est née le 2 mai 2015. Leur deuxième fils, le prince Louis Arthur Charles de Cambridge, est né le 23 avril 2018.

Points forts

- Avant de s'inscrire à l'université de St. Andrews en Écosse, où il a étudié l'histoire de l'art et, plus tard, la géographie, William a passé une année à voyager.
- Ayant été exposé aux activités caritatives très tôt dans sa vie par sa mère, William s'est porté volontaire au Chili.
- En 2008, William a été affecté à la Royal Air Force, puis à la Royal Navy, afin d'acquérir une expérience dans les trois principales branches des services armés.
- En novembre 2010, il a été annoncé que William allait épouser sa petite amie de longue date, Catherine (Kate) Middleton, qu'il avait rencontrée à St. Andrews.
- Le mariage royal a eu lieu le 29 avril 2011, à l'abbaye de Westminster à Londres.

Questions de recherche

---

1. Y a-t-il quelque chose que tout le monde devrait savoir sur la royauté britannique qu'il ne sait pas déjà ?
2. Qui est votre famille royale préférée à suivre sur Twitter ou Instagram ?
3. Quel est votre fait royal préféré ?

Catherine (née en 1982)

La petite-fille de l'épouse du Prince William, la petite-fille par alliance de la Reine, la Duchesse de Cambridge.

La mondaine britannique Catherine Middleton a calmement enduré des années de surveillance médiatique intense après avoir commencé à fréquenter le prince William de Galles. En 2011, le couple s'est marié et Catherine a été accueillie dans la famille royale.

Catherine Elizabeth Middleton, surnommée Kate, est née le 9 janvier 1982 à Reading, Berkshire, en Angleterre. Ses parents se sont rencontrés alors qu'ils travaillaient comme hôtesses de l'air chez British Airways. En 1987, ils ont fondé une entreprise de vente par correspondance de fournitures pour les fêtes d'enfants.

Cette entreprise les a rendus millionnaires et leur a permis d'envoyer leur fille au prestigieux Marlborough College dans le Wiltshire, en Angleterre. À Marlborough, elle excelle à la fois dans les sports - elle est capitaine de l'équipe de hockey sur gazon de l'école - et dans les études.

En 2001, Middleton commence à fréquenter l'université de St Andrews en Écosse. C'est là qu'elle a rencontré William, un étudiant en première année d'histoire de l'art, deuxième dans l'ordre de succession (après son père, Charles) au trône britannique.

Ils ont commencé à se fréquenter, et leur relation a été rendue publique en 2004 lorsqu'ils ont été photographiés lors de vacances en Suisse. Après avoir obtenu son diplôme à St. Andrews en 2005, Mme Middleton a brièvement travaillé comme acheteuse d'accessoires pour un détaillant de vêtements. Elle a ensuite occupé divers postes dans l'entreprise de ses parents, tout en effectuant de nombreuses actions caritatives.

Il a été annoncé en novembre 2010 que Middleton et William s'étaient fiancés. En vue de son entrée dans la famille royale, Middleton a décidé de commencer à utiliser son prénom, Catherine. Le mariage royal a eu lieu le 29 avril 2011, à l'abbaye de Westminster, et Mme Middleton a reçu le titre de duchesse de Cambridge.

Le 22 juillet 2013, le premier enfant du couple, un fils, le prince George Alexander Louis de Cambridge, est né. Leur fille, la princesse Charlotte Elizabeth Diana de Cambridge, est née le 2 mai 2015. Catherine a donné naissance à un deuxième fils, le prince Louis Arthur Charles de Cambridge, le 23 avril 2018.

Points forts

- À Marlborough, Catherine (appelée Kate à l'époque) était connue pour être une élève sérieuse et pondérée, qui excellait à la fois en athlétisme (elle était capitaine de l'équipe de hockey sur gazon de l'école) et en études.
- En 2001, Kate entre à l'université de St Andrews, en Écosse, où elle rencontre le prince William, un camarade de première année d'histoire de l'art, deuxième dans l'ordre de succession (après son père, Charles) au trône britannique.
- Ils ont commencé à se fréquenter, mais leur relation n'a été rendue publique que lorsqu'ils ont été photographiés ensemble en vacances en Suisse en 2004.
- Après plusieurs années d'intenses spéculations de la part des médias britanniques sur les projets de mariage du couple - au

cours desquelles Kate a été surnommée "Waity Katie" - il a été annoncé en novembre 2010 que le couple s'était fiancé.

Questions de recherche

---

1. Où préférez-vous vivre ? L'Australie ou la Grande-Bretagne ?
2. Que pensez-vous des styles vestimentaires de Catherine ?
3. Que pensez-vous de Catherine en tant que reine potentielle ?

Harry (né en 1984)

Le fils cadet de Charles | Duc de Sussex | Comte de Dumbarton | Baron Kilkeel

Le prince Harry est le plus jeune fils de Charles, prince de Galles, et de Diana, princesse de Galles. Son père est l'héritier suivant du trône britannique.

Le prince Henry Charles Albert David est né à Londres, en Angleterre, le 15 septembre 1984. Il est communément appelé le prince Harry. Il est le deuxième enfant du prince Charles et de la princesse Diana. Son frère, le prince William, a deux ans de plus. Sa grand-mère est la reine Elizabeth II.

Comme son frère aîné, Harry a fréquenté une série d'écoles privées avant d'entrer au prestigieux Eton College. Après avoir obtenu son diplôme d'Eton en 2003, Harry a visité l'Argentine et l'Afrique. Il a travaillé dans une station d'élevage en Australie et dans un orphelinat au Lesotho. Au lieu d'aller à l'université, Harry est entré à Sandhurst, la principale académie militaire britannique pour la formation des officiers de l'armée, en mai 2005. Il a été nommé officier en avril 2006.

En tant que membre de la famille royale britannique, Harry a souvent fait l'objet de l'attention des médias. En janvier 2005, il a fait l'objet de vives critiques lorsqu'il a assisté à une fête en portant un uniforme nazi avec un brassard à croix gammée. Le prince s'est ensuite excusé pour ce qu'il a reconnu être une grave erreur de jugement.

En février 2007, il a été annoncé que le régiment de l'armée de Harry serait déployé en Irak. Cependant, sur les conseils des services armés, il a été décidé que ni Harry ni William ne serviraient avec les forces britanniques en Irak, de peur qu'ils ne deviennent des cibles d'attaque spécifiques et ne fassent courir un risque excessif à leurs camarades soldats.

L'année suivante, Harry a effectué un service de dix semaines en Afghanistan après que les médias britanniques ont accepté de ne pas publier les détails de son service. Sa mission s'est terminée après que des médias étrangers ont rapporté son déploiement.

Actif dans diverses causes, Harry a participé en 2006 à la création d'une association caritative pour les enfants du Lesotho. Cette association est dédiée à sa mère, décédée en 1997. En 2007, Harry et William ont organisé un service commémoratif pour marquer le 10e anniversaire de la mort de Diana.

Après avoir assisté aux Warrior Games pour les militaires et vétérans américains blessés, Harry a fondé les Invictus Games, une compétition sportive internationale pour les vétérans et militaires blessés et malades. Les Invictus Games ont fait leurs débuts à Londres en 2014.

En 2017, Harry s'est fiancé à l'actrice américaine Meghan Markle. Le couple s'est marié le 19 mai 2018. Ils ont alors reçu les titres de duc et duchesse de Sussex. Meghan a donné naissance à leur fils, Archie Harrison Mountbatten-Windsor, le 6 mai 2019. Harry et Meghan ont souhaité mener une vie plus privée, et leur couverture dans la presse est devenue de plus en plus négative.

En outre, il semblait y avoir des tensions croissantes entre le couple et les autres membres de la famille royale. En janvier 2020, Harry et Meghan ont annoncé qu'ils allaient "prendre du recul" par rapport à leurs fonctions royales et s'efforcer de devenir "financièrement indépendants". En outre, ils prévoyaient de partager leur temps entre le Royaume-Uni et l'Amérique du Nord.

À la suite de négociations avec le palais, il a été annoncé que Harry et Meghan ne seraient "plus [des] membres actifs de la famille royale." Avec ce changement de statut, ils n'utiliseraient plus les titres de Son (ou Sa) Altesse Royale. Les changements ont pris effet le 31 mars 2020.

Points forts

- Harry s'est engagé dans diverses causes, notamment la conservation de la faune et de la flore en Afrique. En 2006, il a participé à la création d'une association caritative pour les enfants du Lesotho, dédiée à sa mère, décédée en 1997.
- Après avoir assisté aux Warrior Games pour les militaires et les vétérans américains blessés et avoir été impressionné par ces jeux, Harry a fondé les Invictus Games, une compétition sportive internationale pour les vétérans et les militaires blessés et malades.
- En mai 2018, Harry a épousé Meghan Markle - une actrice américaine divorcée, fille d'une mère afro-américaine et d'un père blanc - dont l'accessibilité informelle et la chaleur personnelle irrépressible n'étaient pas sans rappeler la très aimée Diana, dont on se souvient comme la "princesse du peuple".

Questions de recherche

---

1. Quelle a été votre première réaction au mariage royal entre le prince Harry et Meghan Markle ?
2. Quelle est votre opinion sur la relation du Prince Harry et de Meghan Markle ?
3. Etes-vous plutôt Harry ou William ?

Meghan (née en 1981)

L'épouse du Prince Henry | La petite-fille par alliance de la Reine | Duchesse de Sussex | Baronne Kilkeel

L'actrice américaine Meghan Markle a joué dans la série télévisée Suits de 2011 à 2017. Elle est devenue membre de la famille royale britannique en 2018 lorsqu'elle a épousé le prince Harry. À ce moment-là, son titre est devenu la duchesse de Sussex.

Rachel Meghan Markle est née le 4 août 1981 à Los Angeles, en Californie. Elle est la fille d'une mère afro-américaine et d'un père blanc. Sa mère était assistante sociale et son père était éclairagiste et directeur de la photographie pour une émission de télévision.

Le couple a divorcé lorsque Markle avait six ans, et elle a vécu avec sa mère en Californie. Markle a fréquenté l'université Northwestern dans l'Illinois. Elle a obtenu en 2003 une licence en théâtre et en études internationales.

Après avoir obtenu son diplôme, elle retourne en Californie, où elle commence à auditionner pour des rôles d'actrice. Sa première apparition à la télévision a eu lieu dans un épisode du feuilleton General Hospital en 2002. Au cours des années suivantes, elle a été invitée ou a eu de petits rôles récurrents dans des séries telles que 90210, Without a Trace et Fringe.

Meghan a également accepté des petits boulots, comme celui de calligraphe, pour subvenir à ses besoins. Sa grande percée a eu lieu en 2011, lorsqu'elle a commencé à jouer le rôle de Rachel Zane dans la série télévisée Suits. Le personnage était une auxiliaire juridique qui a fait des études de droit et est finalement devenue avocate. Markle est également apparue dans plusieurs films, notamment Horrible Bosses (2011), Random Encounters (2013) et Anti-Social (2015). Markle a épousé le producteur de cinéma et agent de talent Trevor Engelson en 2011. Les deux ont divorcé en 2013.

Mme Markle a été impliquée dans des œuvres caritatives pendant une grande partie de sa vie. Dans son enfance, elle a travaillé dans des soupes populaires. En 2015, elle a été ambassadrice des Nations unies pour la participation politique et le leadership des femmes. L'année suivante, elle est devenue ambassadrice mondiale de World Vision, une organisation dédiée à la lutte contre la pauvreté et l'injustice dans la vie des enfants.

Avec le groupe, elle a visité le Rwanda, où Meghan a rencontré des personnes impliquées dans la campagne d'eau potable de l'organisation. Meghan a également œuvré pour l'égalité des sexes. Meghan Markle a souvent inclus des informations sur ses activités philanthropiques sur son blog de style de vie, The Tig. Elle a également publié des articles sur des sujets généraux tels que la nourriture, les voyages et la mode. Elle a tenu le site Web de 2014 à 2017.

Harry et Markle ont commencé à se fréquenter en 2016 après qu'un ami commun leur ait arrangé un rendez-vous à l'aveugle. Ils se sont mariés le 19 mai 2018 à la chapelle Saint-Georges du château de Windsor. Le couple a eu un enfant, Archie Harrison Mountbatten-Windsor, qui est né le 6 mai 2019. Début 2020, le couple a annoncé qu'il allait "prendre du recul" par rapport à ses fonctions royales et travailler à devenir "financièrement indépendant."

En outre, ils prévoyaient de partager leur temps entre le Royaume-Uni et l'Amérique du Nord. À la suite de négociations avec le palais, il a été annoncé qu'à partir du 31 mars 2020, Harry et Meghan "ne seraient plus [des] membres actifs de la famille royale." Avec ce changement, ils seront toujours appelés le duc et la duchesse de Sussex mais ne seront plus connus sous le nom de Son (ou Sa) Altesse Royale.

Points forts

- En 1995, elle a eu un rôle non crédité dans la sitcom Married...with Children, pour laquelle son père a été directeur de l'éclairage et de la photographie.
- Après avoir obtenu son diplôme de l'Immaculate Heart High School, une école catholique romaine réservée aux filles, en 1999, Mme Markle a étudié le théâtre et les études internationales à la Northwestern University d'Evanston, dans l'Illinois (B.A., 2003).
- Meghan a percé lorsqu'elle a été choisie pour incarner Rachel Zane, une auxiliaire juridique, dans la populaire série dramatique juridique Suits (2011-19) de USA Network.
- En outre, Meghan a abordé publiquement la politique et des sujets personnels qui étaient considérés comme des sujets inappropriés pour les membres de la famille royale.

Questions de recherche

---

1. Quelle que soit votre opinion sur l'actualité de Harry et Meghan, quelles sont les prédictions pour la vie de leurs enfants ?
2. Que pensez-vous de la probabilité qu'un autre bébé royal se produise bientôt ?
3. Comment pensez-vous qu'un nouveau royal entrera dans l'histoire ?

Votre cadeau

Vous avez un livre dans les mains.

Ce n'est pas n'importe quel livre, c'est un livre de Student Press Books ! Nous écrivons sur les héros noirs, les femmes qui prennent le pouvoir, la mythologie, la philosophie, l'histoire et d'autres sujets intéressants !

Puisque vous avez acheté un livre, nous voulons que vous en ayez un autre gratuitement.

Tout ce dont vous avez besoin, c'est d'une adresse électronique et de la possibilité de vous abonner à notre newsletter (ce qui signifie que vous pouvez vous désabonner à tout moment).

Alors, qu'attendez-vous ? Inscrivez-vous dès aujourd'hui et recevez votre livre gratuit instantanément ! Tout ce que vous avez à faire est de visiter le lien ci-dessous et d'entrer votre adresse e-mail. Vous recevrez immédiatement le lien pour télécharger la version PDF du livre afin de pouvoir le lire hors ligne à tout moment.

Et ne vous inquiétez pas, il n'y a pas d'attrape ou de frais cachés, juste un bon vieux cadeau de notre part ici à Student Press Books.

Visitez ce lien dès maintenant et inscrivez-vous pour recevoir votre exemplaire gratuit de l'un de nos livres !

Lien : https://campsite.bio/studentpressbooks

Livres

Nos livres sont disponibles chez tous les principaux détaillants de livres en ligne. Découvrez les packs numériques (bundle) de nos livres ici : https://payhip.com/studentPressBooksFR

La série de livres sur l'Histoire des Noirs.

Bienvenue dans la série de livres sur l'Histoire des Noirs. Découvrez des personnalités Noires exemplaires grâce à ces biographies inspirantes de pionniers d'Amérique, d'Afrique et d'Europe. Nous savons tous que l'Histoire des Noirs est importante, mais il peut être difficile de trouver de bonnes ressources.

Beaucoup d'entre nous connaissent personnages principaux de la culture populaire et des livres d'Histoire, mais nos livres présentent également des héros et héroïnes Noirs moins connus du monde entier, mais dont les histoires méritent d'être racontées. Ces livres de biographies vous aideront à mieux comprendre comment les souffrances et les actions de ces personnes ont façonné leurs pays respectifs et leurs communautés, pour les générations à venir.

Titres disponibles :

1. 21 personnalités noires inspirantes : La vie de personnages historiques du XXe siècle : Martin Luther King Jr., Malcom X, Bob Marley et autres
2. 21 femmes noires exceptionnelles : L'histoire de femmes noires importantes du XXe siècle : Daisy Bates, Maya Angelou et bien d'autres

La série de livres Émancipation des femmes.

Bienvenue dans la série de livres Émancipation des femmes. Découvrez des figures féminines courageuses des temps modernes grâce à ces biographies inspirantes de pionnières du monde entier. L'émancipation des femmes est un sujet important qui mérite plus d'attention qu'il n'en reçoit. Pendant des siècles, on a dit aux femmes que leur place était à la maison, mais cela n'a jamais été vrai pour toutes les femmes, ni même pour la plupart d'entre elles.

Les femmes sont encore sous-représentées dans les livres d'histoire, et celles qui s'y font une place doivent généralement se contenter de quelques pages. Pourtant, l'Histoire regorge de récits de femmes fortes, intelligentes et indépendantes qui ont surmonté des obstacles et changé le cours des choses simplement parce qu'elles voulaient vivre leur propre vie.

Ces livres biographiques vous inspireront tout en vous donnant de précieuses leçons sur la persévérance et le dépassement face à l'adversité ! Apprenez de ces exemples que tout est possible si vous y mettez du vôtre !

Titres disponibles :

1. 21 Femmes d'exception : La vie de combattantes pour la liberté qui ont repoussé les frontières : Angela Davis, Marie Curie, Jane Goodall et bien d'autres
2. 21 femmes inspirantes : la vie de femmes courageuses et influentes du XXe siècle : Kamala Harris, Mère Teresa et bien d'autres
3. 21 femmes extraordinaires : Les vies exemplaires des femmes artistes et créatrices du XXe siècle : Madonna, Yayoi Kusama et bien d'autres
4. 21 femmes de génie : Les vies déterminantes de femmes scientifiques pionnières au XXe siècle

La série de livres Les dirigeants du monde.

Bienvenue dans la série de livres sur les dirigeants du monde. Découvrez des personnages royaux et présidentiels, emblématiques du Royaume-Uni, des États-Unis et d'autres pays. Grâce à ces biographies inspirantes de membres de la famille royale, de présidents et de chefs d'État, vous apprendrez à connaître les personnes courageuses qui ont osé prendre le pouvoir, avec notamment leurs citations, leurs photos et des faits rares.

Les gens sont fascinés par l'histoire et la politique et par ceux qui les ont écrites. Ces livres offrent des perspectives nouvelles sur la vie de personnalités remarquables. Cette série est parfaite pour tous ceux qui veulent en savoir plus sur les grands dirigeants de notre monde ; les jeunes lecteurs ambitieux et les adultes qui aiment se documenter sur des personnages importants.

Titres disponibles :

1. Les 11 familles royales britanniques : La biographie de la famille de la Maison Windsor : La Reine Elizabeth II et le Prince Philip, Harry et Meghan et bien d'autres
2. Les 46 présidents des États-Unis : Leur histoire, leur réussite et leur héritage : de George Washington à Joe Biden
3. Les 46 présidents des États-Unis : Leur histoire, leur réussite et leur héritage — Édition augmentée : de George Washington à Joe Biden

La série de livres Une mythologie passionnante.

Bienvenue dans la série de livres Une mythologie passionnante. Découvrez les dieux et déesses d'Égypte et de Grèce, les divinités nordiques et d'autres créatures mythologiques.

Qui sont ces anciens dieux et déesses ? Que savons-nous d'eux ? Qui étaient-ils vraiment ? Pourquoi les gens les vénéraient-ils dans les temps anciens, et d'où venaient-ils ?

Ces livres offrent des perspectives nouvelles sur les dieux anciens, qui inviteront les lecteurs à réfléchir à leur place dans la société et à s'intéresser plus encore à l'Histoire. Ces livres sur la mythologie abordent également des sujets qui l'ont influencée, tels que la religion, la littérature et l'art, dans un format attrayant avec des photos ou des illustrations accrocheuses.

Titres disponibles :

1. L'Égypte ancienne : Un guide des mystérieux dieux et déesses de l'Égypte ancienne : Amon-Râ, Osiris, Anubis, Horus et bien d'autres
2. La Grèce antique : Un guide des dieux, déesses, divinités, titans et héros de la Grèce classique : Zeus, Poséidon, Apollon et plus encore
3. Anciens contes nordiques : Découvrez les dieux, déesses et géants de la mythologie des Vikings : Odin, Loki, Thor, Freya et plus encore

La série de livres Les grandes théories expliquées.

Bienvenue dans la série de livres **Les grandes théories expliquées**. Découvrez la philosophie, les idées des anciens philosophes et d'autres théories intéressantes. Ces livres réunissent les biographies et les idées des philosophes les plus célèbres de régions telles que la Grèce et la Chine antiques.

La philosophie est un sujet complexe, et de nombreuses personnes ont du mal à en comprendre ne serait ce que les bases. Ces livres sont conçus pour vous aider à en savoir plus sur la philosophie, ils sont uniques en raison de leur approche simple. Il n'a jamais été aussi facile et amusant d'acquérir une meilleure compréhension de la philosophie qu'avec ces livres. En outre, chaque livre comprend des questions afin que vous puissiez approfondir vos propres pensées et opinions !

Titres disponibles :

1. Philosophie grecque : La vie et les idées des philosophes de la Grèce antique : Socrate, Platon, Pythagore et bien d'autres
2. Éthique et morale : Philosophie morale, bioéthique, défis médicaux et autres idées éthiques

La série de livres Inspiration des futurs entrepreneurs.

Bienvenue dans la série de livres **Inspiration des futurs entrepreneurs**. Il n'est jamais trop tôt pour que les jeunes ambitieux commencent leur carrière ! Que vous ayez l'esprit d'entreprise et que vous cherchiez à bâtir votre propre empire, ou que vous soyez un entrepreneur en herbe qui commence à emprunter une route longue et ardue, ces livres vous inspireront grâce aux histoires d'hommes d'affaires qui ont réussi.

Découvrez leurs vies, leurs échecs et leurs réussites qui vous donneront envie de prendre le contrôle de votre existence au lieu de simplement la regarder passer !

Titres disponibles :

1. 21 entrepreneurs à succès : La vie des grands fondateurs du XXe siècle : Elon Musk, Steve Jobs et bien d'autres
2. 21 entrepreneurs révolutionnaires : Les vies incroyables des hommes d'affaires du XIXe siècle : Henry Ford, Thomas Edison et bien d'autres

La série de livres L'Histoire facile.

Bienvenue dans la série de livres L'Histoire facile. Explorez divers sujets historiques, de l'âge de pierre jusqu'à l'époque moderne, ainsi que les idées et les personnages marquants qui ont traversé les âges.

Ces livres sont un excellent moyen d'éveiller votre intérêt pour l'histoire. Les manuels scolaires, secs et ennuyeux, rebutent souvent les lecteurs, car ils aiment les histoires de gens ordinaires qui ont changé le monde. Ces livres vous donnent l'opportunité de les découvrir tout en vous fournissant les informations historiques importantes.

Titres disponibles :

1. La Première Guerre mondiale : La Première Guerre mondiale, ses grandes batailles, les personnages et les forces en présence
2. La Deuxième Guerre mondiale : L'Histoire de la Seconde Guerre mondiale, Hitler, Mussolini, Churchill et autres personnages clés

3. L'Holocauste : Les Nazis, la montée de l'antisémitisme, la Nuit de Cristal et les camps de concentration d'Auschwitz et de Bergen-Belsen.
4. La Révolution française : L'Ancien Régime, Napoléon Bonaparte, la Révolution française, les guerres napoléoniennes et de Vendée

Nos livres sont disponibles chez tous les principaux détaillants de livres en ligne. Découvrez les packs numériques (bundle) de nos livres ici : https://payhip.com/studentPressBooksFR

Conclusion

Nous espérons que vous avez pris plaisir à découvrir ces 11 souverains britanniques de la maison Windsor.

De George V à la reine Elizabeth II et ses petits-enfants, ce livre retrace des siècles de la Maison Windsor.

Que vous soyez débutant ou que vous ayez suivi les membres de la famille royale toute votre vie, nous savons que vous trouverez quelque chose pour vous dans ces pages. Alors, allez-y, prenez place à côté de William et Kate alors qu'ils s'engagent pour la vie, ensemble, au palais de Holyrood à Édimbourg.

Ce livre est parfait pour tous les fans de la royauté, ou ceux qui souhaitent en savoir plus sur la monarchie anglaise !

Avez-vous aimé cette lecture éducative ? Qu'en avez-vous pensé ? Faites-le-nous savoir avec un beau commentaire sur ce livre !

Nous en serions ravis, alors n'oubliez pas d'en laisser un !

www.ingramcontent.com/pod-product-compliance
Ingram Content Group UK Ltd.
Pitfield, Milton Keynes, MK11 3LW, UK
UKHW022010190726
13853UKWH00004B/1845

9 789493 258068